Einleitung 3
I. Reflexion über deine Ziele und Prioritäten 5
    Bestimme deine beruflichen Ziele 5
    Analysiere deine aktuelle Lebenssituation 7
    Entwickle einen klaren Plan für den Wiedereinstieg 9
    Identifiziere deine Unterstützungssysteme 10
    Analysiere finanzielle Möglichkeiten und Bedenken .. 12
    Berücksichtige deine persönlichen Werte und Ziele .. 14
II. Die Suche nach geeigneten Stellenangeboten 16
    Recherche nach offenen Stellen 16
    Nutzung von Online-Jobbörsen und sozialen Netzwerken 18
    Möglichkeiten für flexible Arbeitsmodelle 20
III. Die Bewerbungsunterlagen vorbereiten 22
    Gestaltung eines aussagekräftigen Lebenslaufs 23
    Verfassen eines überzeugenden Anschreibens 25
    Vorbereitung auf Vorstellungsgespräche 28
IV. Den Wiedereinstieg erfolgreich meistern 32
    Umgang mit Herausforderungen im neuen Job 32
    Balance zwischen Arbeit und Familie finden 34
    Entwicklung eines beruflichen Netzwerks 37

V. Spezielle Tipps für bestimmte Berufsfelder............40
    Wiedereinstieg in technische Berufe......................... 40
    Wiedereinstieg in kreative Berufe.............................. 42
    Wiedereinstieg in den öffentlichen Sektor.................. 45

VI. Unterstützung und Ressourcen...48
    Regierungsprogramme und Unterstützungsangebote..48
    Tipps zur Vereinbarkeit von Beruf und Familie.......... 52
    Mentoring und Coaching für den Wiedereinstieg.......55

VII. Schlusswort...58

Einleitung

Der Wiedereinstieg in den Arbeitsmarkt nach einer längeren Pause, sei es aufgrund der Kindererziehung, der Pflege von Angehörigen oder aus anderen Gründen, kann eine überwältigende und entmutigende Herausforderung sein. Für viele Menschen, die diesen Schritt in Erwägung ziehen, sind Fragen und Zweifel allgegenwärtig: "Bin ich noch wettbewerbsfähig?", "Wie finde ich einen Job, der zu meiner Lebenssituation passt?" und "Wie kann ich Beruf und Familie erfolgreich miteinander vereinbaren?"

Dieses Buch wurde geschrieben, um genau diese Fragen anzugehen und eine umfassende Anleitung für den erfolgreichen Wiedereinstieg in den Arbeitsmarkt zu bieten. Egal, ob Sie eine Mutter sind, die ihre Kinder großgezogen hat, ein Pflegegeldempfänger, der zurück ins Berufsleben möchte, oder jemand, der einfach eine Auszeit vom Arbeitsmarkt genommen hat, die Ratschläge und Strategien in diesem Buch sind darauf ausgerichtet, Ihnen bei Ihrem Wiedereinstieg zu helfen.

In den kommenden Kapiteln werden wir uns mit den verschiedenen Aspekten des Wiedereinstiegs befassen, angefangen bei der Vorbereitung auf diesen Schritt über die Jobsuche und Bewerbungsphase bis hin zur erfolgreichen Integration in den Arbeitsplatz.

Wir werden spezifische Tipps für verschiedene Berufsfelder und Lebenssituationen geben und auf die Herausforderungen eingehen, die mit dem Wiedereinstieg verbunden sind.

Dieses Buch basiert auf umfangreicher Forschung sowie persönlichen Erfahrungen, um wieder erfolgreich in den Arbeitsmarkt einzutreten. Unser Ziel ist es, Sie zu ermutigen, Ihre Fähigkeiten und Erfahrungen zu aktivieren, Selbstvertrauen aufzubauen und die Werkzeuge und Ressourcen bereitzustellen, die Sie benötigen, um Ihren Wiedereinstieg erfolgreich zu gestalten.

Der Wiedereinstieg in den Arbeitsmarkt mag wie eine gewaltige Aufgabe erscheinen, aber er ist nicht unüberwindbar. Mit der richtigen Vorbereitung, Strategie und Unterstützung können Sie nicht nur einen Job finden, der zu Ihnen passt, sondern auch ein erfülltes und ausgewogenes Leben führen, das Ihre beruflichen und persönlichen Ziele vereint. Wir sind hier, um Sie auf diesem Weg zu begleiten und Ihnen dabei zu helfen, Ihre beruflichen Träume zu verwirklichen.

I. Reflexion über deine Ziele und Prioritäten

Bevor du dich auf den Weg machst, wieder in den Arbeitsmarkt einzusteigen, ist es wichtig, einen Moment innezuhalten und über deine Ziele und Prioritäten nachzudenken. Diese Reflexion wird dir helfen, Klarheit darüber zu gewinnen, was du aus deinem beruflichen Leben herausholen möchtest und wie du deine Ziele mit den Bedürfnissen deiner Familie in Einklang bringen kannst.

Bestimme deine beruflichen Ziele

Überlege, was du von deinem zukünftigen Job erwartest. Möchtest du in deinem vorherigen Berufsfeld weiterarbeiten oder bist du offen für neue Herausforderungen und Möglichkeiten? Welche Art von Arbeitsumgebung und Unternehmenskultur passt am besten zu dir? Indem du deine beruflichen Ziele klar definierst, kannst du gezielt nach Stellen suchen, die deinen Vorstellungen entsprechen.
Identifiziere deine Stärken und Interessen: Mache dir bewusst, welche Fähigkeiten und Kompetenzen du besitzt und welche Tätigkeiten dir Freude bereiten. Überlege, welche Aufgaben und Verantwortlichkeiten du in deinem früheren Job besonders gerne übernommen hast und welche du lieber vermeiden möchtest.

Dies wird dir helfen, Stellenangebote auszuwählen, die deinen Stärken und Interessen entsprechen.

Setze realistische Ziele:
Sei ehrlich zu dir selbst über deine beruflichen Ambitionen und die Zeit, die du bereit bist, in deine Karriere zu investieren. Berücksichtige dabei auch die Bedürfnisse deiner Familie und andere Verpflichtungen außerhalb der Arbeit. Indem du realistische Ziele setzt, kannst du sicherstellen, dass du einen Weg einschlägst, der zu einem ausgewogenen und erfüllten Leben führt.

Priorisiere deine Werte:
Bedenke, welche Werte dir im beruflichen Kontext wichtig sind und welche Kompromisse du eingehen würdest. Möchtest du beispielsweise in einem Unternehmen arbeiten, das soziale Verantwortung übernimmt, oder ist dir Flexibilität wichtiger?
Indem du deine Werte priorisierst, kannst du gezielt nach Arbeitgebern suchen, die deine Überzeugungen teilen und dich unterstützen.

Analysiere deine aktuelle Lebenssituation

Bevor du dich auf die Suche nach einem neuen Job begibst, ist es wichtig, deine aktuelle Lebenssituation zu analysieren. Berücksichtige dabei nicht nur deine beruflichen Ziele, sondern auch deine persönlichen Umstände und Verpflichtungen. Welche Rolle spielen deine Familie, deine finanzielle Situation und deine Gesundheit bei deiner Entscheidung, wieder zu arbeiten? Indem du deine Lebenssituation realistisch betrachtest, kannst du potenzielle Herausforderungen erkennen und geeignete Lösungen finden.

Familienbedürfnisse berücksichtigen:
Bedenke die Bedürfnisse und Wünsche deiner Familie, wenn es um deine Rückkehr in den Arbeitsmarkt geht. Wie können sie dich dabei unterstützen, wieder zu arbeiten, und welche Unterstützung benötigen sie von dir? Überlege, wie du deine beruflichen und familiären Verpflichtungen miteinander in Einklang bringen kannst, um ein Gleichgewicht zu finden, das für alle Beteiligten funktioniert.

Finanzielle Überlegungen anstellen:
Mache dir Gedanken über deine finanzielle Situation und darüber, wie sich ein neuer Job darauf auswirken könnte. Welches Einkommensniveau benötigst du, um deine finanziellen Verpflichtungen zu erfüllen und deinen Lebensstandard aufrechtzuerhalten? Berücksichtige auch mögliche Kosten für Kinderbetreuung, Pendeln oder Weiterbildung, die mit deiner Rückkehr in den Arbeitsmarkt verbunden sein könnten.

Gesundheitliche Aspekte beachten:
Nimm deine persönliche Gesundheit und dein Wohlbefinden ernst und berücksichtige sie bei deinen beruflichen Entscheidungen.

Welche Auswirkungen könnte ein neuer Job auf deine körperliche und emotionale Gesundheit haben? Überlege, wie du Stress reduzieren und ein gesundes Gleichgewicht zwischen Arbeit und Privatleben aufrechterhalten kannst, um langfristig erfolgreich zu sein.

Entwickle einen klaren Plan für den Wiedereinstieg

Nachdem du deine Ziele und Prioritäten reflektiert und deine aktuelle Lebenssituation analysiert hast, ist es Zeit, einen klaren Plan für deinen Wiedereinstieg in den Arbeitsmarkt zu entwickeln. Ein strukturierter Plan hilft dir, deine Ziele zu erreichen und Hindernisse zu überwinden, die deinen Erfolg behindern könnten.

Setze realistische und messbare Ziele:
Definiere klare und erreichbare Ziele für deinen Wiedereinstieg in den Arbeitsmarkt. Diese Ziele sollten spezifisch, messbar, erreichbar, relevant und zeitgebunden sein (SMART-Ziele). Überlege, was du in den nächsten Wochen, Monaten und Jahren erreichen möchtest und wie du deinen Fortschritt überwachen kannst.

Priorisiere deine Aufgaben:
Identifiziere die wichtigsten Schritte, die du unternehmen musst, um deine beruflichen Ziele zu erreichen, und priorisiere sie entsprechend. Überlege, welche Aufgaben kurzfristig erledigt werden müssen, um deinen Wiedereinstieg vorzubereiten, und welche langfristigen Ziele du anstreben möchtest.

Erstelle einen Zeitplan:
Entwickle einen detaillierten Zeitplan, der dir hilft, deine Ziele zu erreichen und deinen Fortschritt zu verfolgen. Plane regelmäßige Zeitblöcke für die Jobsuche, die Weiterbildung und die Netzwerkpflege ein und halte dich an deinen Zeitplan, um sicherzustellen, dass du deine Ziele rechtzeitig erreichst.

Berücksichtige mögliche Hindernisse:
Identifiziere potenzielle Hindernisse und Herausforderungen, die deinen Wiedereinstieg in den Arbeitsmarkt behindern könnten, und überlege, wie du mit ihnen umgehen kannst. Sei flexibel und bereit, deinen Plan anzupassen, wenn unvorhergesehene Probleme auftreten, und suche nach Lösungen, die dich weiter voranbringen.

Identifiziere deine Unterstützungssysteme

Freunde und Familie:
Überlege, welche Freunde und Familienmitglieder dir während deines Wiedereinstiegs in den Arbeitsmarkt unterstützen können. Das können Partner, Eltern, Geschwister, Freunde oder andere Vertrauenspersonen sein, die dir emotionalen Beistand bieten, Ratschläge geben oder bei der Kinderbetreuung helfen können.

Ehemalige Kollegen und Kontakte:
Nutze dein berufliches Netzwerk, um Unterstützung bei der Jobsuche und der beruflichen Weiterentwicklung zu erhalten. Sprich mit ehemaligen Kollegen, Vorgesetzten oder anderen Kontakten aus deiner Branche über deine Pläne und bitte um Empfehlungen, Tipps oder Informationen über offene Stellen.

Professionelle Mentoren oder Coaches:
Suche nach professionellen Mentoren oder Coaches, die Erfahrung im Bereich Wiedereinstieg in den Arbeitsmarkt haben und dir gezielte Unterstützung und Beratung bieten können. Ein Mentor oder Coach kann dir dabei helfen, realistische Ziele zu setzen, Herausforderungen zu überwinden und deine berufliche Entwicklung voranzutreiben.

Online-Communities und Supportgruppen:
Trete Online-Communities oder Supportgruppen bei, die sich mit Themen wie Wiedereinstieg in den Arbeitsmarkt, Vereinbarkeit von Beruf und Familie oder beruflicher Entwicklung beschäftigen. Diese Communities können eine wertvolle Quelle für Informationen, Ratschläge und moralische Unterstützung sein und dir das Gefühl geben, dass du nicht alleine bist auf deinem Weg.

Analysiere finanzielle Möglichkeiten und Bedenken

Überprüfe deine finanzielle Situation:
Beginne damit, deine aktuelle finanzielle Situation gründlich zu überprüfen. Das beinhaltet die Bewertung deines Einkommens, deiner Ausgaben, deiner Schulden und deiner Ersparnisse. Eine klare Übersicht über deine finanzielle Lage wird dir helfen, besser zu verstehen, wie sich dein Wiedereinstieg in den Arbeitsmarkt auf deine finanzielle Stabilität auswirken wird.

Ermittle deine finanziellen Bedürfnisse:
Mache dir Gedanken über deine finanziellen Bedürfnisse und Verpflichtungen, sowohl kurzfristig als auch langfristig. Berücksichtige dabei nicht nur deine laufenden Ausgaben, sondern auch eventuelle zusätzliche Kosten, die mit deinem Wiedereinstieg in den Arbeitsmarkt verbunden sein könnten, wie beispielsweise Kinderbetreuungskosten oder Ausgaben für Weiterbildung.

Erkunde finanzielle Unterstützungsmöglichkeiten:
Recherchiere nach finanziellen Unterstützungsmöglichkeiten, die dir während deines Wiedereinstiegs in den Arbeitsmarkt zur Verfügung stehen könnten. Das können staatliche Leistungen wie Arbeitslosengeld, Unterstützung für Alleinerziehende oder Fördermittel für Weiterbildungsmaßnahmen sein. Informiere dich auch über mögliche Zuschüsse oder Steuervergünstigungen, die dir helfen könnten, deine finanzielle Situation zu verbessern.

Entwickle einen finanziellen Plan:
Basierend auf deiner finanziellen Situation und deinen Bedürfnissen entwickle einen klaren finanziellen Plan für deinen Wiedereinstieg in den Arbeitsmarkt. Das beinhaltet das Festlegen realistischer Budgets, das Priorisieren von Ausgaben, das Erstellen eines Notfallfonds und das Planen von langfristigen finanziellen Zielen. Ein solider finanzieller Plan wird dir helfen, finanzielle Unsicherheiten zu minimieren und deine finanzielle Stabilität während des Wiedereinstiegs zu gewährleisten.

Berücksichtige deine persönlichen Werte und Ziele

Reflektiere über deine persönlichen Werte:
Nimm dir Zeit, um deine persönlichen Werte zu reflektieren und zu verstehen, was dir im Leben wirklich wichtig ist. Das können Werte wie Familie, Freiheit, Wachstum, Gemeinschaft oder persönliche Erfüllung sein. Indem du deine persönlichen Werte identifizierst, kannst du sicherstellen, dass deine beruflichen Entscheidungen im Einklang mit deinen tiefsten Überzeugungen stehen.

Verknüpfe berufliche Ziele mit persönlichen Zielen:
Überlege, wie deine beruflichen Ziele zu deinen persönlichen Zielen und langfristigen Lebenszielen passen. Frage dich, wie dein zukünftiger Job dazu beitragen kann, deine persönliche Entwicklung, deine Lebensqualität und dein Wohlbefinden zu fördern. Stelle sicher, dass deine beruflichen Entscheidungen dazu beitragen, ein erfülltes und sinnvolles Leben zu führen, das im Einklang mit deinen persönlichen Werten steht.

Identifiziere potenzielle Konflikte:
Sei dir bewusst, dass es potenzielle Konflikte zwischen deinen beruflichen und persönlichen Zielen geben könnte. Identifiziere mögliche Spannungsfelder und überlege, wie du sie lösen oder minimieren kannst. Finde Wege, um berufliche Herausforderungen und persönliche Verpflichtungen in Einklang zu bringen, ohne deine persönlichen Werte zu kompromittieren.

Erstelle einen integrierten Lebensplan:
Entwickle einen integrierten Lebensplan, der deine beruflichen und persönlichen Ziele miteinander verbindet und ein ausgewogenes und erfülltes Leben ermöglicht. Berücksichtige dabei alle Aspekte deines Lebens, einschließlich Familie, Gesundheit, Freizeit, Bildung und Karriere. Ein integrierter Lebensplan wird dir helfen, deine Zeit und Energie effektiv zu nutzen und ein Leben zu führen, das deinen persönlichen Werten entspricht.

Indem du deine persönlichen Werte und Ziele berücksichtigst und einen integrierten Lebensplan entwickelst, kannst du sicherstellen, dass dein Wiedereinstieg in den Arbeitsmarkt nicht nur beruflich erfolgreich ist, sondern auch zu einem erfüllten und sinnvollen Leben führt.

II. Die Suche nach geeigneten Stellenangeboten

Recherche nach offenen Stellen

Beginne deine Jobsuche mit einer gründlichen Recherche nach offenen Stellen, die deinen Fähigkeiten, Interessen und beruflichen Zielen entsprechen. Hier sind einige Strategien, die dir dabei helfen können:

Online-Jobbörsen nutzen:
Nutze bekannte Online-Jobbörsen wie Indeed, LinkedIn, XING oder Monster, um nach aktuellen Stellenangeboten zu suchen. Verwende relevante Stichwörter und Filter, um die Ergebnisse nach Branche, Standort, Arbeitszeit und anderen Kriterien einzuschränken.

Unternehmenswebseiten besuchen:
Besuche die Webseiten von Unternehmen, die dich interessieren, und suche dort nach Karriereseiten oder Stellenangeboten. Viele Unternehmen veröffentlichen ihre offenen Positionen direkt auf ihren eigenen Webseiten, bevor sie auf externen Jobportalen erscheinen.

Networking nutzen:
Nutze dein berufliches Netzwerk, um nach versteckten oder unveröffentlichten Stellenangeboten zu suchen. Sprich mit ehemaligen Kollegen, Freunden, Familienmitgliedern oder Branchenkontakten und frage sie nach möglichen Jobmöglichkeiten oder Empfehlungen.

Informiere dich über
Branchenverbände und Fachzeitschriften:
Informiere dich über Branchenverbände, Fachzeitschriften oder Online-Communities in deinem Fachgebiet und suche dort nach aktuellen Stellenangeboten oder Informationen über Unternehmen, die Mitarbeiter suchen.
Regionale Jobmessen und Veranstaltungen besuchen: Besuche regionale Jobmessen, Karriereveranstaltungen oder Networking-Events in deiner Nähe, um potenzielle Arbeitgeber kennenzulernen und nach offenen Stellen zu suchen. Diese Veranstaltungen bieten oft die Möglichkeit, direkt mit Personalverantwortlichen oder Recruitern zu sprechen und Kontakte zu knüpfen.
Indem du eine Vielzahl von Recherchemethoden nutzt, kannst du sicherstellen, dass du kein relevantes Stellenangebot verpasst und deine Chancen erhöhst, den perfekten Job zu finden.

Nutzung von Online-Jobbörsen und sozialen Netzwerken

Online-Jobbörsen und soziale Netzwerke bieten eine Vielzahl von Möglichkeiten, um Stellenangebote zu finden und mit potenziellen Arbeitgebern in Kontakt zu treten. Hier sind einige Schritte, die du unternehmen kannst, um diese Ressourcen effektiv zu nutzen:

Erstelle aussagekräftige Profile:
Wenn du dich auf Online-Jobbörsen wie LinkedIn registrierst oder Profile auf anderen berufsbezogenen Plattformen erstellst, sorge dafür, dass dein Profil vollständig ist und alle relevanten Informationen zu deinem beruflichen Hintergrund, deinen Fähigkeiten und Erfahrungen enthält. Ein professionelles und gut gepflegtes Profil erhöht deine Sichtbarkeit und Attraktivität für potenzielle Arbeitgeber.

Stelle relevante Suchfilter ein:
Verwende die Suchfilter auf Online-Jobbörsen, um die Ergebnisse nach deinen Präferenzen und Anforderungen zu filtern. Du kannst nach Branche, Standort, Unternehmen, Erfahrungsniveau und anderen Kriterien suchen, um Stellenangebote zu finden, die deinen Bedürfnissen entsprechen.

Abonniere Jobbenachrichtigungen:
Viele Online-Jobbörsen bieten die Möglichkeit, Jobbenachrichtigungen zu abonnieren, die dich über neue Stellenangebote informieren, die deinen Suchkriterien entsprechen. Aktiviere diese Benachrichtigungen, um regelmäßig über neue Jobmöglichkeiten informiert zu werden und keine relevanten Chancen zu verpassen.

Netzwerke auf sozialen Medien:
Nutze soziale Netzwerke wie LinkedIn, Facebook oder Twitter, um mit potenziellen Arbeitgebern in Kontakt zu treten und dein berufliches Netzwerk zu erweitern. Folge Unternehmen, die dich interessieren, und beteilige dich an berufsbezogenen Gruppen oder Diskussionen, um sichtbar zu werden und Beziehungen aufzubauen.

Sichere dir Empfehlungen und Referenzen:
Nutze die Funktionen auf berufsbezogenen Plattformen, um Empfehlungen und Referenzen von früheren Kollegen, Vorgesetzten oder Kunden zu erhalten. Positive Empfehlungen und Referenzen können deine Glaubwürdigkeit und Attraktivität für potenzielle Arbeitgeber erhöhen.

Indem du Online-Jobbörsen und soziale Netzwerke gezielt nutzt, kannst du deine Chancen erhöhen, relevante Stellenangebote zu finden und dich erfolgreich mit potenziellen Arbeitgebern zu vernetzen.

Möglichkeiten für flexible Arbeitsmodelle

In der heutigen Arbeitswelt werden flexible Arbeitsmodelle immer häufiger angeboten und sind eine attraktive Option für Menschen, die nach einer Work-Life-Balance streben oder besondere Anforderungen an ihre Arbeitszeit haben. Hier sind einige flexible Arbeitsmodelle, die du in Betracht ziehen kannst:

Telearbeit oder Homeoffice:
Viele Unternehmen bieten die Möglichkeit, von zu Hause aus zu arbeiten, was es dir ermöglicht, deine Arbeit flexibler zu gestalten und den Arbeitsweg zu minimieren. Telearbeit kann besonders vorteilhaft sein, wenn du eine lange Pendelstrecke hast oder deine Arbeitszeit an die Bedürfnisse deiner Familie anpassen möchtest.

Teilzeitbeschäftigung:
Teilzeitbeschäftigung ermöglicht es dir, weniger Stunden pro Woche zu arbeiten und mehr Zeit für deine Familie, Weiterbildung oder persönliche Interessen zu haben. Viele Unternehmen bieten Teilzeitstellen in verschiedenen Formen an, von festen Stundenplänen bis hin zu flexiblen Arbeitszeitmodellen.

Jobsharing:
Beim Jobsharing teilen sich zwei oder mehr Mitarbeiter eine Vollzeitstelle, indem sie Aufgaben und Verantwortlichkeiten untereinander aufteilen. Dieses Modell ermöglicht es dir, deine Arbeitszeit zu reduzieren, während du dennoch in einem herausfordernden und erfüllenden Arbeitsumfeld tätig bist.

Freiberufliche Tätigkeit oder Selbstständigkeit:
Wenn du nach noch größerer Flexibilität und Autonomie suchst, kannst du in Betracht ziehen, freiberuflich tätig zu werden oder ein eigenes Unternehmen zu gründen. Als Freelancer oder Unternehmer kannst du deine Arbeitszeit und -orte selbst bestimmen und Projekte auswählen, die deinen Interessen und Fähigkeiten entsprechen.

Indem du flexible Arbeitsmodelle in Betracht ziehst, kannst du eine Arbeitsweise finden, die zu deinen individuellen Bedürfnissen und Lebensumständen passt und dir dabei hilft, Beruf und Familie erfolgreich zu vereinbaren.

III. Die Bewerbungsunterlagen vorbereiten

Bei der Suche nach einem neuen Job ist ein aussagekräftiger Lebenslauf von entscheidender Bedeutung, um potenzielle Arbeitgeber von deinen Fähigkeiten, Erfahrungen und Qualifikationen zu überzeugen. Dein Lebenslauf ist oft der erste Eindruck, den ein Arbeitgeber von dir erhält, und er dient als Grundlage für die Entscheidung, ob du zu einem Vorstellungsgespräch eingeladen wirst. Daher ist es wichtig, einen Lebenslauf zu erstellen, der deine berufliche Geschichte und deine Stärken optimal präsentiert und dich von anderen Bewerbern abhebt.

Gestaltung eines aussagekräftigen Lebenslaufs

Ein aussagekräftiger Lebenslauf sollte klar strukturiert, gut formatiert und leicht verständlich sein. Hier sind einige wichtige Elemente, die in deinem Lebenslauf enthalten sein sollten:

Persönliche Daten:
Beginne deinen Lebenslauf mit deinen persönlichen Daten, einschließlich deines Namens, deiner Kontaktinformationen (Telefonnummer, E-Mail-Adresse) und deiner Adresse. Stelle sicher, dass diese Informationen aktuell und korrekt sind.

Berufliches Profil oder Zusammenfassung:
Füge eine kurze Zusammenfassung oder ein berufliches Profil hinzu, das deine beruflichen Ziele, deine wichtigsten Fähigkeiten und Erfahrungen sowie deine Motivation für die angestrebte Position hervorhebt. Dieser Abschnitt bietet dem Arbeitgeber einen schnellen Überblick über deine Qualifikationen und kann helfen, dein Interesse an der Stelle zu verdeutlichen.

Beruflicher Werdegang:
Liste deine beruflichen Erfahrungen in umgekehrter chronologischer Reihenfolge auf, beginnend mit deinem aktuellen oder letzten Job. Gib den Namen des Unternehmens, deine Position, den Zeitraum deiner Anstellung und eine Beschreibung deiner Aufgaben und Erfolge an. Verwende dabei klare und prägnante Formulierungen und betone die relevanten Erfahrungen, die für die angestrebte Position wichtig sind.

Ausbildung und Qualifikationen:
Füge eine Rubrik für deine Ausbildung und Qualifikationen hinzu, einschließlich deines akademischen Hintergrunds, beruflicher Zertifikate oder Weiterbildungen sowie besonderer Fähigkeiten oder Kenntnisse, die für die Stelle relevant sein könnten. Ordne diese Informationen chronologisch oder nach ihrer Bedeutung für die angestrebte Position an.

Referenzen:
Zum Schluss kannst du eine Liste mit Referenzen oder Personen, die bereit sind, für deine Fähigkeiten und Leistungen zu bürgen, hinzufügen. Stelle sicher, dass du die Erlaubnis der Referenzgeber hast, ihre Kontaktdaten anzugeben, und wähle Personen aus, die dich gut kennen und positive Aussagen über dich machen können.

Es ist wichtig, dass dein Lebenslauf übersichtlich und gut strukturiert ist, um dem Arbeitgeber einen klaren Einblick in deine beruflichen Qualifikationen und Erfahrungen zu geben. Vermeide es, zu viele Details oder unwichtige Informationen hinzuzufügen, und konzentriere dich stattdessen auf diejenigen Aspekte, die für die angestrebte Position relevant sind.

Verfassen eines überzeugenden Anschreibens

Neben dem Lebenslauf ist das Anschreiben ein weiteres wichtiges Dokument, das deine Bewerbung vervollständigt und die Möglichkeit bietet, deine Motivation, Qualifikationen und Persönlichkeit herauszustellen. Ein überzeugendes Anschreiben sollte individuell auf die angestrebte Position und das Unternehmen zugeschnitten sein und dem Arbeitgeber zeigen, warum du die ideale Kandidatin oder der ideale Kandidat für die Stelle bist. Hier sind einige wichtige Punkte, die du bei der Erstellung deines Anschreibens beachten solltest:

Personalisierung:
Beginne dein Anschreiben immer mit einer persönlichen Anrede, indem du den Namen des Ansprechpartners oder der Ansprechpartnerin angibst, wenn möglich.

Vermeide allgemeine Anreden wie "Sehr geehrte Damen und Herren" und recherchiere stattdessen, wer für die Bewerbungen zuständig ist.

Einleitung:
Starte dein Anschreiben mit einer ansprechenden Einleitung, die dein Interesse an der Stelle und dem Unternehmen verdeutlicht. Zeige, dass du dich mit dem Unternehmen und der ausgeschriebenen Position auseinandergesetzt hast, und nenne möglicherweise eine konkrete Information oder ein Ereignis, das dein Interesse geweckt hat.

Darstellung deiner Motivation und Qualifikationen:
Nutze den Hauptteil deines Anschreibens, um deine Motivation für die angestrebte Position zu erklären und deine relevanten Qualifikationen und Erfahrungen hervorzuheben. Verknüpfe deine beruflichen Erfahrungen und Fähigkeiten mit den Anforderungen und Aufgaben der Stelle und zeige, wie du einen Mehrwert für das Unternehmen bringen kannst.

Persönlicher Mehrwert:
Hebe deine besonderen Stärken, Fähigkeiten oder Erfolge hervor, die dich von anderen Bewerbern unterscheiden und dich als besonders geeigneten Kandidaten oder Kandidatin für die Stelle auszeichnen. Vermeide es jedoch, deine Qualifikationen zu übertreiben oder zu überschwänglich zu formulieren, sondern bleibe authentisch und glaubwürdig.

Schluss:
Beende dein Anschreiben mit einer starken Schlussformulierung, die dein Interesse an einem persönlichen Gespräch bekundet und den Arbeitgeber dazu ermutigt, dich zu einem Vorstellungsgespräch einzuladen. Bedanke dich für die Berücksichtigung deiner Bewerbung und gib an, dass du dich über die Möglichkeit freuen würdest, deine Qualifikationen persönlich zu erläutern.

Abschluss:
Schließe dein Anschreiben mit einer höflichen Grußformel wie "Mit freundlichen Grüßen" und deinem vollständigen Namen. Füge optional eine Signatur hinzu, wenn du das Anschreiben in gedruckter Form versendest.

Indem du ein überzeugendes Anschreiben verfasst, das deine Motivation, Qualifikationen und Persönlichkeit überzeugend darstellt, kannst du deine Bewerbung effektiv abrunden und dem Arbeitgeber zeigen, warum du die ideale Wahl für die angestrebte Position bist.

Vorbereitung auf Vorstellungsgespräche

Das Vorstellungsgespräch ist eine entscheidende Phase im Bewerbungsprozess, in der du die Gelegenheit hast, deine Persönlichkeit, deine Fähigkeiten und deine Motivation für die angestrebte Position zu präsentieren. Eine gründliche Vorbereitung ist der Schlüssel zum Erfolg und kann dazu beitragen, Selbstvertrauen zu gewinnen und einen positiven Eindruck beim Arbeitgeber zu hinterlassen. Hier sind einige wichtige Schritte, die du vor einem Vorstellungsgespräch unternehmen solltest:

Recherche über das Unternehmen:
Informiere dich ausführlich über das Unternehmen, bei dem du dich bewirbst, und sammle Informationen über dessen Produkte, Dienstleistungen, Unternehmenskultur, Mission und Vision. Besuche die Unternehmenswebseite, lies Pressemitteilungen oder Artikel über das Unternehmen und recherchiere in sozialen Medien, um ein umfassendes Verständnis für das Unternehmen zu entwickeln.

Vorbereitung auf häufig gestellte Fragen:
Bereite dich auf häufig gestellte Fragen im Vorstellungsgespräch vor, wie zum Beispiel Fragen zu deinem beruflichen Werdegang, deinen Stärken und Schwächen, deinen Erfahrungen und deiner Motivation für die angestrebte Position. Übe deine Antworten auf diese Fragen, um sicherzustellen, dass du klar und selbstbewusst antworten kannst.

Kenne deine Erfolge und Beispiele:
Bereite konkrete Beispiele und Erfolgsgeschichten vor, die deine Fähigkeiten und Erfahrungen unterstreichen und zeigen, wie du in der Vergangenheit Herausforderungen gemeistert oder Ziele erreicht hast. Verwende die STAR-Methode (Situation, Aufgabe, Aktion, Ergebnis), um deine Beispiele strukturiert und überzeugend zu präsentieren.

Fragen für das Gespräch vorbereiten:
Überlege dir auch Fragen, die du dem Arbeitgeber im Vorstellungsgespräch stellen möchtest, um mehr über die Position, das Team, die Unternehmenskultur und die Entwicklungsmöglichkeiten zu erfahren. Zeige damit dein Interesse am Unternehmen und stelle sicher, dass du alle relevanten Informationen erhältst, um eine fundierte Entscheidung zu treffen.

Kleiderwahl und äußeres Erscheinungsbild:
Wähle ein angemessenes Outfit für das Vorstellungsgespräch, das zu der Branche und dem Unternehmensstil passt, und achte auf ein gepflegtes äußeres Erscheinungsbild. Kleide dich professionell, aber auch authentisch, um einen guten ersten Eindruck zu hinterlassen und Selbstvertrauen auszustrahlen.

Übung und Feedback:
Übe dein Vorstellungsgespräch mit Freunden, Familienmitgliedern oder einem Karriereberater und bitte um konstruktives Feedback. Durch das Üben kannst du Sicherheit gewinnen, deine Antworten verfeinern und potenzielle Schwachstellen identifizieren, die du vor dem eigentlichen Vorstellungsgespräch verbessern kannst.

Zeitplanung und Anreise:
Plane deine Anreise zum Vorstellungsgespräch sorgfältig und berücksichtige eventuelle Verkehrsstörungen oder andere unvorhergesehene Umstände. Komme rechtzeitig an und zeige damit Pünktlichkeit und Zuverlässigkeit.

Indem du dich gründlich auf das Vorstellungsgespräch vorbereitest und Selbstvertrauen ausstrahlst, kannst du deine Chancen auf eine erfolgreiche Bewerbung erhöhen und dem Arbeitgeber zeigen, dass du die ideale Kandidatin oder der ideale Kandidat für die angestrebte Position bist.

IV. Den Wiedereinstieg erfolgreich meistern

Umgang mit Herausforderungen im neuen Job

Der Wiedereinstieg in den Arbeitsmarkt kann mit verschiedenen Herausforderungen verbunden sein, sei es die Anpassung an eine neue Arbeitsumgebung, die Bewältigung von Arbeitsaufgaben oder die Vereinbarkeit von Beruf und Familie. Es ist wichtig, diese Herausforderungen proaktiv anzugehen und Strategien zu entwickeln, um sie erfolgreich zu bewältigen. Hier sind einige Tipps, die dir dabei helfen können:

Klare Kommunikation:
Kommuniziere offen und ehrlich mit deinen Vorgesetzten und Kollegen über deine Bedürfnisse, Erwartungen und Herausforderungen im neuen Job. Suche bei Unsicherheiten oder Problemen frühzeitig das Gespräch und arbeite gemeinsam an Lösungen.

Einarbeitungsphase nutzen:
Nutze die Einarbeitungsphase, um dich in dein neues Arbeitsumfeld einzuleben, die Unternehmenskultur kennenzulernen und dich mit deinen Aufgaben vertraut zu machen. Scheue dich nicht davor, Fragen zu stellen und um Unterstützung zu bitten, um sicherzustellen, dass du deine Aufgaben erfolgreich bewältigen kannst.

Prioritäten setzen:
Setze klare Prioritäten und arbeite an den wichtigsten Aufgaben zuerst. Überfordere dich nicht mit zu vielen Aufgaben auf einmal, sondern konzentriere dich auf das Wesentliche und arbeite dich schrittweise ein.

Flexibilität und Anpassungsfähigkeit:
Sei flexibel und offen für Veränderungen im Arbeitsalltag und passe dich schnell an neue Anforderungen oder Arbeitsabläufe an. Sei bereit, deine Arbeitsweise anzupassen und neue Fähigkeiten zu erlernen, um den Anforderungen des neuen Jobs gerecht zu werden.

Selbstfürsorge nicht vernachlässigen:
Vergiss in all dem Trubel des Wiedereinstiegs nicht auf deine eigene Gesundheit und dein Wohlbefinden. Achte auf ausreichend Erholung, Bewegung und Entspannung, um stressige Situationen besser bewältigen zu können und langfristig erfolgreich zu sein.

Indem du proaktiv mit Herausforderungen im neuen Job umgehst und geeignete Strategien zur Bewältigung entwickelst, kannst du deinen Wiedereinstieg in den Arbeitsmarkt erfolgreich meistern und langfristig beruflich erfolgreich sein.

Balance zwischen Arbeit und Familie finden

Die Vereinbarkeit von Beruf und Familie ist für viele berufstätige Eltern eine große Herausforderung, insbesondere nach einer Phase der Arbeitslosigkeit oder einer längeren Auszeit. Es ist wichtig, eine gesunde Balance zwischen Arbeitsverpflichtungen und familiären Verantwortungen zu finden, um sowohl beruflich erfolgreich als auch ein erfülltes Familienleben zu führen. Hier sind einige Strategien, die dir helfen können, diese Balance zu erreichen:

Festlegung von Prioritäten:
Priorisiere deine beruflichen und familiären Verpflichtungen und identifiziere die wichtigsten Aufgaben und Ereignisse in beiden Bereichen. Überlege, welche Aspekte für dich und deine Familie am wichtigsten sind und widme diesen entsprechend Zeit und Energie.

Schaffung von klaren Grenzen:
Setze klare Grenzen zwischen Arbeit und Familie und bemühe dich, während der Arbeitszeit produktiv zu sein, aber auch in deiner Freizeit Zeit für deine Familie zu reservieren. Vermeide es, Arbeit mit nach Hause zu nehmen, und schaffe bewusst Zeiten, in denen du dich ganz auf deine Familie konzentrieren kannst.

Effiziente Zeitplanung:
Plane deine Zeit effizient und organisiere deinen Tag so, dass du sowohl deine Arbeitsaufgaben als auch familiäre Verpflichtungen unter einen Hut bekommst. Nutze Tools wie Kalender, To-Do-Listen oder Zeitmanagement-Apps, um deine Zeit optimal zu nutzen und wichtige Termine im Blick zu behalten.

Flexibilität am Arbeitsplatz:
Suche nach Möglichkeiten für flexible Arbeitszeitmodelle, Telearbeit oder andere Vereinbarungen, die es dir ermöglichen, deine Arbeitszeit an die Bedürfnisse deiner Familie anzupassen. Sprich mit deinem Arbeitgeber über deine Situation und erkunde gemeinsam mögliche Lösungen.

Unterstützung suchen:
Scheue dich nicht davor, um Unterstützung von deinem Partner, Familienmitgliedern, Freunden oder professionellen Dienstleistern zu bitten, wenn du Hilfe bei der Kinderbetreuung, Hausarbeit oder anderen familiären Verpflichtungen benötigst. Es ist wichtig, ein Unterstützungsnetzwerk aufzubauen, das dir in schwierigen Zeiten zur Seite steht.

Zeit für Selbstfürsorge:
Vergiss nicht auf deine eigene Gesundheit und dein Wohlbefinden zu achten. Nimm dir regelmäßig Zeit für Entspannung, Hobbys oder Aktivitäten, die dir Freude bereiten, um Stress abzubauen und deine Batterien wieder aufzuladen.

Indem du bewusst an einer ausgewogenen Balance zwischen Arbeit und Familie arbeitest und geeignete Strategien zur Bewältigung der Herausforderungen entwickelst, kannst du sicherstellen, dass du sowohl beruflich erfolgreich als auch ein erfülltes Familienleben führen kannst.

Entwicklung eines beruflichen Netzwerks

Ein starkes berufliches Netzwerk kann dir nicht nur bei der Jobsuche helfen, sondern auch wertvolle Unterstützung, Ratschläge und Karrierechancen bieten. Nach einer Phase der Arbeitslosigkeit oder einer längeren Auszeit ist es besonders wichtig, dein berufliches Netzwerk zu pflegen und auszubauen, um neue Möglichkeiten zu entdecken und deine beruflichen Ziele zu erreichen. Hier sind einige Schritte, die dir dabei helfen können:

Pflege bestehender Kontakte:
Nutze deine bestehenden beruflichen Kontakte und Beziehungen, um dein Netzwerk zu stärken. Halte den Kontakt zu ehemaligen Kollegen, Vorgesetzten, Kunden oder Branchenkontakten aufrecht und suche regelmäßig den Austausch, sei es persönlich, per E-Mail oder über soziale Medien.

Teilnahme an Networking-Veranstaltungen:
Suche gezielt nach Networking-Veranstaltungen, Branchentreffen, Konferenzen oder Seminaren, bei denen du neue Kontakte knüpfen und dich mit Gleichgesinnten austauschen kannst. Sei offen für Gespräche und stelle dich aktiv vor, um neue Verbindungen zu knüpfen.

Online-Netzwerke nutzen:
Nutze berufsbezogene Online-Plattformen wie LinkedIn, XING oder Branchenforen, um dein Netzwerk online zu erweitern und dich mit anderen Fachleuten zu vernetzen. Optimiere dein Profil, sei aktiv in Gruppen oder Diskussionen und nutze die Funktionen zur Kontaktpflege und -suche.

Informiere dich über lokale Netzwerkmöglichkeiten:
Informiere dich über lokale Networking-Veranstaltungen, Business-Clubs oder Branchenverbände in deiner Region und werde Mitglied oder nehme an Veranstaltungen teil, um dich mit anderen Fachleuten vor Ort zu vernetzen.

Gegenseitige Unterstützung:
Biete anderen Mitgliedern deines Netzwerks ebenfalls Unterstützung und Hilfe an, sei es durch berufliche Empfehlungen, Mentoring oder Wissensaustausch. Indem du dich aktiv am Netzwerkgeschehen beteiligst und anderen hilfst, baust du langfristige und gegenseitig unterstützende Beziehungen auf.

Regelmäßige Pflege des Netzwerks:
Pflege dein berufliches Netzwerk regelmäßig, indem du Kontakte aktualisierst, dich mit neuen Mitgliedern verbindest und dich aktiv an Netzwerkaktivitäten beteiligst. Eine kontinuierliche und authentische Pflege deines Netzwerks ist entscheidend, um langfristig von den Vorteilen eines starken beruflichen Netzwerks zu profitieren.

Indem du aktiv an der Entwicklung und Pflege deines beruflichen Netzwerks arbeitest, kannst du wertvolle Kontakte knüpfen, neue berufliche Möglichkeiten entdecken und dich beruflich weiterentwickeln, auch nach einer Phase der Arbeitslosigkeit oder einer längeren Auszeit.

V. Spezielle Tipps für bestimmte Berufsfelder

Wiedereinstieg in technische Berufe

Der Wiedereinstieg in technische Berufe kann nach einer längeren Auszeit oder einer Phase der Arbeitslosigkeit eine besondere Herausforderung darstellen, da sich die Technologie und die Anforderungen in diesem Bereich schnell weiterentwickeln. Es ist wichtig, sich gezielt auf den Wiedereinstieg vorzubereiten und die erforderlichen Kenntnisse und Fähigkeiten aufzufrischen, um den Anforderungen des Arbeitsmarktes gerecht zu werden. Hier sind einige spezielle Tipps für den Wiedereinstieg in technische Berufe:

Weiterbildung und Fortbildung:
Informiere dich über aktuelle Entwicklungen und Trends in deinem technischen Bereich und identifiziere Schlüsselkompetenzen und -fähigkeiten, die für deine berufliche Weiterentwicklung wichtig sind. Nutze Weiterbildungs- und Fortbildungsangebote, um deine Kenntnisse aufzufrischen, neue Technologien zu erlernen und relevante Zertifikate oder Abschlüsse zu erwerben.

Praktische Erfahrungen sammeln:
Suche nach Möglichkeiten, praktische Erfahrungen zu sammeln, sei es durch Praktika, Projektarbeit, Freiwilligenarbeit oder die Teilnahme an Open-Source-Projekten. Praktische Erfahrungen sind oft genauso wichtig wie formale Qualifikationen und können deine Chancen auf einen erfolgreichen Wiedereinstieg in den technischen Bereich erhöhen.

Netzwerken in der Branche:
Knüpfe gezielt Kontakte in der technischen Branche, sei es durch Networking-Veranstaltungen, Fachkonferenzen, Online-Communities oder Alumni-Netzwerke. Tausche dich mit anderen Fachleuten aus, informiere dich über aktuelle Jobangebote und sammle wertvolle Einblicke in die Arbeitswelt der Technologiebranche.

Aktualisierung von Bewerbungsunterlagen:
Überarbeite deine Bewerbungsunterlagen, einschließlich Lebenslauf und Anschreiben, um deine technischen Fähigkeiten, Erfahrungen und Qualifikationen optimal zu präsentieren. Betone relevante Projekte, Technologien oder Tools, mit denen du vertraut bist, und zeige deine Motivation und Begeisterung für den technischen Bereich.

Bleibe auf dem Laufenden:
Halte dich kontinuierlich über aktuelle Entwicklungen und Trends in der technischen Branche auf dem Laufenden, sei es durch Fachzeitschriften, Online-Blogs, Webinare oder Weiterbildungskurse. Zeige deine Bereitschaft, dein Wissen und deine Fähigkeiten kontinuierlich zu erweitern und anzupassen, um wettbewerbsfähig zu bleiben.

Indem du gezielt an der Aktualisierung deiner technischen Kenntnisse und Fähigkeiten arbeitest, Kontakte in der Branche knüpfst und deine Bewerbungsunterlagen entsprechend anpasst, kannst du erfolgreich in technische Berufe zurückkehren und deine Karriere vorantreiben.

Wiedereinstieg in kreative Berufe

Der Wiedereinstieg in kreative Berufe wie Grafikdesign, Kunst, Schreiben oder Musik kann nach einer Phase der Arbeitslosigkeit oder einer längeren Auszeit eine besondere Herausforderung darstellen, da diese Branchen oft sehr wettbewerbsintensiv und schnelllebig sind.

Es ist wichtig, sich gezielt auf den Wiedereinstieg vorzubereiten und kreative Fähigkeiten sowie ein Portfolio zu entwickeln, das deine künstlerische Arbeit und deine Stärken optimal präsentiert. Hier sind einige spezielle Tipps für den Wiedereinstieg in kreative Berufe:

Portfolio aufbauen oder aktualisieren:
Überarbeite und erweitere dein Portfolio, um deine kreativen Fähigkeiten und Arbeiten zu präsentieren. Zeige eine Vielfalt an Projekten, Stilen und Techniken, die deine künstlerische Bandbreite und Expertise demonstrieren. Füge neue Arbeiten hinzu und entferne veraltete oder weniger relevante Projekte, um dein Portfolio aktuell zu halten.

Weiterbildung und kreative Entwicklung:
Investiere in Weiterbildung und kreative Entwicklung, um deine Fähigkeiten und Techniken zu verbessern und mit aktuellen Trends und Technologien Schritt zu halten. Besuche Kurse, Workshops oder Online-Tutorials, um neue Fähigkeiten zu erlernen oder vorhandene Kenntnisse aufzufrischen und zu erweitern.

Netzwerken in der Kreativbranche:
Knüpfe gezielt Kontakte in der Kreativbranche, sei es durch Networking-Veranstaltungen, Kunstausstellungen, Literaturfestivals oder Online-Plattformen für Kreative. Tausche dich mit Gleichgesinnten aus, suche nach Kooperationsmöglichkeiten oder Projektpartnern und profitiere von den Erfahrungen und Ratschlägen anderer Künstlerinnen und Künstler.

Sichtbarkeit erhöhen:
Nutze verschiedene Kanäle und Plattformen, um deine künstlerische Arbeit zu präsentieren und deine Sichtbarkeit in der Kreativbranche zu erhöhen. Erstelle eine professionelle Website oder Online-Portfolio, präsentiere deine Arbeiten in sozialen Medien, beteilige dich an Kunstausstellungen oder veröffentliche Artikel oder Werke in Fachzeitschriften oder Online-Magazinen.

Flexibilität und Kreativität:
Sei flexibel und kreativ in deiner Herangehensweise an den Wiedereinstieg in kreative Berufe und suche nach innovativen Möglichkeiten, deine künstlerische Arbeit zu präsentieren und zu vermarkten. Sei offen für neue Herausforderungen und Chancen und nutze deine kreativen Fähigkeiten, um Lösungen für Probleme zu finden und dich von anderen Bewerberinnen und Bewerbern abzuheben.

Indem du gezielt an der Entwicklung deines Portfolios, deiner kreativen Fähigkeiten und deinem beruflichen Netzwerk arbeitest, kannst du erfolgreich in kreative Berufe zurückkehren und deine künstlerische Karriere vorantreiben.

Wiedereinstieg in den öffentlichen Sektor

Der Wiedereinstieg in den öffentlichen Sektor kann nach einer Phase der Arbeitslosigkeit oder einer längeren Auszeit eine besondere Herausforderung darstellen, da dieser Bereich oft spezifische Anforderungen an Qualifikationen, Erfahrungen und Bewerbungsverfahren stellt. Es ist wichtig, sich gezielt auf den Wiedereinstieg vorzubereiten und die erforderlichen Kenntnisse, Fähigkeiten und Informationen über den öffentlichen Sektor zu aktualisieren, um erfolgreich zu sein. Hier sind einige spezielle Tipps für den Wiedereinstieg in den öffentlichen Sektor:

Recherche über den öffentlichen Sektor:
Informiere dich ausführlich über den öffentlichen Sektor, seine Strukturen, Institutionen, Arbeitsbereiche und Karrieremöglichkeiten. Untersuche die aktuellen Stellenangebote, Anforderungen und Auswahlverfahren in verschiedenen Behörden, Ämtern oder Einrichtungen, um deine Bewerbungsstrategie entsprechend auszurichten.

Aktualisierung von Qualifikationen und Kenntnissen:
Überprüfe und aktualisiere deine Qualifikationen, Zertifikate und Kenntnisse, um den Anforderungen des öffentlichen Sektors gerecht zu werden. Besuche Weiterbildungs- oder Fortbildungsangebote, um deine Fähigkeiten aufzufrischen, neue Gesetze oder Verordnungen zu erlernen und relevante berufliche Qualifikationen zu erwerben.

Bewerbungsverfahren verstehen:
Verstehe die spezifischen Bewerbungsverfahren und Auswahlkriterien im öffentlichen Sektor, einschließlich der Anforderungen an Bewerbungsunterlagen, Auswahltests, Assessment-Center oder Vorstellungsgespräche. Bereite dich gezielt auf die einzelnen Phasen des Bewerbungsprozesses vor und optimiere deine Bewerbungsunterlagen entsprechend.

Netzwerken im öffentlichen Sektor:
Knüpfe gezielt Kontakte im öffentlichen Sektor, sei es durch Networking-Veranstaltungen, Fachkonferenzen, Jobmessen oder Online-Plattformen für den öffentlichen Dienst. Tausche dich mit anderen Fachleuten aus, suche nach Möglichkeiten für Praktika oder Hospitationen und profitiere von den Erfahrungen und Ratschlägen anderer Mitarbeitender im öffentlichen Sektor.

Vorbereitung auf Auswahlverfahren:
Bereite dich gezielt auf Auswahlverfahren im öffentlichen Sektor vor, sei es durch spezifische Vorbereitungskurse, Selbststudium oder Coaching. Übe Auswahltests oder Assessment-Center-Übungen, um deine Fähigkeiten und Kompetenzen zu verbessern und dich optimal auf die Bewerbungsverfahren vorzubereiten.

Geduld und Ausdauer:
Sei geduldig und behalte ein positives Mindset während des Bewerbungsprozesses im öffentlichen Sektor bei. Berücksichtige, dass die Bewerbungsverfahren oft länger dauern können und es Zeit braucht, um eine passende Stelle zu finden. Bleibe motiviert, hartnäckig und offen für verschiedene Möglichkeiten, um deinen Wiedereinstieg in den öffentlichen Sektor erfolgreich zu gestalten.

Indem du gezielt an der Aktualisierung deiner Qualifikationen, der Vorbereitung auf Bewerbungsverfahren und dem Aufbau von Kontakten im öffentlichen Sektor arbeitest, kannst du erfolgreich in diesen Bereich zurückkehren und deine berufliche Karriere vorantreiben.

VI. Unterstützung und Ressourcen

Regierungsprogramme und Unterstützungsangebote

Regierungen und staatliche Institutionen bieten eine Vielzahl von Programmen und Unterstützungsangeboten für Menschen, die nach einer Phase der Arbeitslosigkeit wieder in den Arbeitsmarkt einsteigen möchten. Diese Programme können finanzielle Unterstützung, Weiterbildungsangebote, Beratungsdienste und andere Ressourcen umfassen, die dir dabei helfen können, deine beruflichen Ziele zu erreichen. Hier sind einige Beispiele für Regierungsprogramme und Unterstützungsangebote, die dir zur Verfügung stehen könnten:

Arbeitslosengeld und finanzielle Unterstützung:
Informiere dich über die verschiedenen Arbeitslosenversicherungsprogramme oder Sozialhilfeprogramme, die dir finanzielle Unterstützung während deiner Arbeitslosigkeit bieten können. Prüfe die Voraussetzungen und Leistungen dieser Programme und beantrage sie gegebenenfalls, um deine finanzielle Situation zu stabilisieren, während du nach einem neuen Job suchst.

Weiterbildungs- und Umschulungsprogramme:
Nutze Weiterbildungs- und Umschulungsprogramme, die von staatlichen Stellen oder Bildungseinrichtungen angeboten werden, um deine beruflichen Fähigkeiten und Qualifikationen zu verbessern. Diese Programme können Kurse, Seminare oder Schulungen zu verschiedenen Themenbereichen umfassen, die dir helfen können, deine Chancen auf dem Arbeitsmarkt zu verbessern.

Berufsberatung und Coaching:
Suche nach Berufsberatungs- oder Coaching-Diensten, die dir bei der Karriereplanung, Jobsuche und persönlichen Entwicklung unterstützen können. Diese Dienste können professionelle Beraterinnen und Berater umfassen, die dir bei der Identifizierung deiner beruflichen Ziele, der Optimierung deiner Bewerbungsunterlagen und der Vorbereitung auf Vorstellungsgespräche helfen können.

Jobvermittlungsprogramme:
Informiere dich über Jobvermittlungsprogramme oder Arbeitsagenturen, die dir bei der Suche nach geeigneten Stellenangeboten und der Vermittlung von Arbeitsplätzen helfen können. Diese Programme können Arbeitsvermittlerinnen und -vermittler umfassen, die dir dabei helfen können, passende Jobangebote zu finden und dich bei der Bewerbung zu unterstützen.

Unterstützung für besondere Zielgruppen:
Prüfe, ob es spezielle Programme oder Unterstützungsangebote für besondere Zielgruppen gibt, wie zum Beispiel Frauen, Menschen mit Behinderungen, ältere Arbeitnehmerinnen und Arbeitnehmer oder Personen mit Migrationshintergrund. Diese Programme können gezielte Unterstützung und Ressourcen bieten, um spezifische Herausforderungen im Arbeitsmarkt zu bewältigen.

Online-Plattformen und Informationsportale:
Suche nach Online-Plattformen oder Informationsportalen, die umfassende Informationen über Arbeitsmarktprogramme, Weiterbildungsangebote, finanzielle Unterstützungsmöglichkeiten und andere Ressourcen für Arbeitssuchende bereitstellen. Diese Plattformen können eine wertvolle Informationsquelle sein, um geeignete Unterstützungsangebote zu finden und deine beruflichen Ziele zu erreichen.

Indem du die verschiedenen Regierungsprogramme und Unterstützungsangebote nutzt, die dir zur Verfügung stehen, kannst du gezielt Unterstützung und Ressourcen erhalten, um deine beruflichen Ziele zu erreichen und erfolgreich wieder in den Arbeitsmarkt einzusteigen.

Tipps zur Vereinbarkeit von Beruf und Familie

Die Vereinbarkeit von Beruf und Familie ist eine wichtige Herausforderung für viele Arbeitnehmerinnen und Arbeitnehmer, insbesondere für Eltern oder Pflegende, die sich um ihre Familie kümmern müssen. Der erfolgreiche Wiedereinstieg in den Arbeitsmarkt erfordert oft eine effektive Balance zwischen beruflichen Verpflichtungen und familiären Aufgaben. Hier sind einige Tipps, die dir dabei helfen können, Beruf und Familie erfolgreich miteinander zu vereinbaren:

Festlegung von Prioritäten:
Priorisiere deine beruflichen und familiären Verpflichtungen und identifiziere die wichtigsten Aufgaben und Ereignisse in beiden Bereichen. Überlege, welche Aspekte für dich und deine Familie am wichtigsten sind, und widme diesen entsprechend Zeit und Energie.

Flexibles Arbeitszeitmodell:
Suche nach Möglichkeiten für flexible Arbeitszeitmodelle, Telearbeit oder Teilzeitarbeit, die es dir ermöglichen, deine Arbeitszeit an die Bedürfnisse deiner Familie anzupassen. Sprich mit deinem Arbeitgeber über mögliche Vereinbarungen und finde gemeinsam Lösungen, die sowohl für dich als auch für das Unternehmen funktionieren.

Effiziente Zeitplanung:
Plane deine Zeit effizient und organisiere deinen Tag so, dass du sowohl deine beruflichen als auch familiären Verpflichtungen unter einen Hut bekommst. Nutze Tools wie Kalender, To-Do-Listen oder Zeitmanagement-Apps, um deine Zeit optimal zu nutzen und wichtige Termine im Blick zu behalten.

Klare Kommunikation:
Kommuniziere offen und ehrlich mit deinem Arbeitgeber über deine familiären Verpflichtungen und Bedürfnisse. Suche nach Lösungen, die es dir ermöglichen, deine Arbeitszeit flexibel zu gestalten und bei Bedarf Sonderurlaub oder Homeoffice zu nutzen, um familiäre Anliegen zu regeln.

Unterstützung im familiären Umfeld:
Suche nach Unterstützung im familiären Umfeld, sei es durch den Partner, Großeltern, andere Verwandte oder Freunde, die dir bei der Betreuung der Kinder oder anderen familiären Verpflichtungen helfen können. Es ist wichtig, ein Unterstützungsnetzwerk aufzubauen, das dir in schwierigen Zeiten zur Seite steht.

Zeit für Selbstfürsorge:
Vergiss nicht auf deine eigene Gesundheit und dein Wohlbefinden zu achten. Nimm dir regelmäßig Zeit für Entspannung, Hobbys oder Aktivitäten, die dir Freude bereiten, um Stress abzubauen und deine Batterien wieder aufzuladen. Indem du gut für dich selbst sorgst, kannst du auch besser für deine Familie und deine beruflichen Aufgaben da sein.

Durch die Umsetzung dieser Tipps kannst du die Vereinbarkeit von Beruf und Familie verbessern und erfolgreich sowohl deine beruflichen als auch familiären Verpflichtungen meistern. Eine ausgewogene Work-Life-Balance ist entscheidend für dein Wohlbefinden und deine langfristige Zufriedenheit sowohl im Beruf als auch im Familienleben.

Mentoring und Coaching für den Wiedereinstieg

Mentoring und Coaching können wertvolle Unterstützung bieten für Personen, die nach einer Phase der Arbeitslosigkeit oder einer längeren Auszeit wieder in den Arbeitsmarkt einsteigen möchten. Durch persönliche Begleitung, fachliche Unterstützung und individuelle Beratung können Mentoren und Coaches dabei helfen, berufliche Ziele zu definieren, Hindernisse zu überwinden und eine erfolgreiche Rückkehr in den Arbeitsmarkt zu ermöglichen. Hier sind einige Vorteile und Möglichkeiten von Mentoring und Coaching für den Wiedereinstieg:

Persönliche Unterstützung:
Ein Mentor oder Coach kann dir dabei helfen, deine beruflichen Ziele und Prioritäten zu klären und einen klaren Plan für deinen Wiedereinstieg in den Arbeitsmarkt zu entwickeln. Durch regelmäßige Gespräche und individuelle Beratung kannst du von der Erfahrung und Expertise deines Mentors oder Coaches profitieren und gezielt an deinen beruflichen Herausforderungen arbeiten.

Feedback und Orientierung:
Mentoren und Coaches können dir wertvolles Feedback zu deinen Bewerbungsunterlagen, deinem Auftreten im Vorstellungsgespräch oder deinem beruflichen Netzwerk geben und dir dabei helfen, deine Stärken zu betonen und Schwächen zu überwinden. Sie können dir auch Orientierung geben in Bezug auf Karrieremöglichkeiten, Weiterbildungsmöglichkeiten oder potenzielle Arbeitgeber.

Netzwerke und Kontakte:
Mentoren und Coaches verfügen oft über ein umfangreiches Netzwerk von Kontakten und können dir dabei helfen, geeignete Stellenangebote zu finden, Brancheninsider kennenzulernen oder wertvolle Kontakte zu knüpfen. Sie können dich auch bei der Vorbereitung auf Networking-Veranstaltungen oder Fachkonferenzen unterstützen und dir Tipps geben, wie du dein berufliches Netzwerk effektiv nutzen kannst.

Motivation und Selbstvertrauen:
Mentoren und Coaches können dir dabei helfen, deine Motivation und dein Selbstvertrauen zu stärken und dich bei der Überwindung von Selbstzweifeln oder Ängsten zu unterstützen. Sie können dir helfen, realistische Ziele zu setzen, Herausforderungen anzunehmen und positive Denkmuster zu entwickeln, die dir dabei helfen, erfolgreich wieder in den Arbeitsmarkt einzusteigen.

Langfristige Begleitung:
Mentoring und Coaching können nicht nur während des Wiedereinstiegsprozesses, sondern auch langfristig von Nutzen sein, um deine berufliche Entwicklung und Karriere voranzutreiben. Ein Mentor oder Coach kann dir auch nach dem Wiedereinstieg im Arbeitsmarkt zur Seite stehen, um dich bei der beruflichen Weiterentwicklung, Karriereplanung oder der Bewältigung von beruflichen Herausforderungen zu unterstützen.

Indem du Mentoring und Coaching für deinen Wiedereinstieg in den Arbeitsmarkt nutzt, kannst du von individueller Unterstützung, fachlicher Beratung und persönlicher Begleitung profitieren, die dir dabei helfen können, deine beruflichen Ziele zu erreichen und erfolgreich in deine Karriere zurückzukehren.

VII. Schlusswort

In jedem neuen Kapitel unseres Lebens liegen Herausforderungen, Chancen und unentdeckte Potenziale verborgen. Der Wiedereinstieg in den Arbeitsmarkt nach einer Phase der Arbeitslosigkeit oder einer längeren Auszeit mag wie eine steile Bergbesteigung erscheinen, doch er ist auch eine Reise der Selbstentdeckung, des persönlichen Wachstums und der beruflichen Erfüllung.

Es mag Momente der Frustration, Selbstzweifel und Unsicherheit geben, doch erinnere dich stets daran, dass jeder Schritt nach vorne, egal wie klein er erscheinen mag, ein Sieg über die Hindernisse ist. Jede Bewerbung, jedes Vorstellungsgespräch und jede berufliche Weiterentwicklung ist ein Schritt näher zu deinen Träumen und Zielen.

Denke daran, dass du nicht alleine bist auf diesem Weg. Es gibt Ressourcen, Unterstützung und Menschen, die bereit sind, dir zur Seite zu stehen und dich auf deinem Weg zu begleiten. Sei offen für neue Möglichkeiten, sei mutig in deinen Entscheidungen und sei beharrlich in deinem Streben nach beruflicher Erfüllung.

Du bist stärker, talentierter und widerstandsfähiger, als du es dir vielleicht vorstellst. Nutze deine Erfahrungen, deine Fähigkeiten und deine Leidenschaft, um die Welt zu zeigen, was du zu bieten hast. Dein Wiedereinstieg in den Arbeitsmarkt ist nicht nur eine Rückkehr zu einem Job, sondern eine Chance, ein neues Kapitel deiner Karriere zu schreiben und deine Träume zu verwirklichen.

Also gehe mutig voran, vertraue auf dich selbst und glaube daran, dass du alles erreichen kannst, was du dir vornimmst. Die Zukunft liegt in deinen Händen, und sie ist voller Möglichkeiten und Abenteuer, die darauf warten, von dir entdeckt zu werden. Mach dich bereit, dein Potenzial zu entfalten und die Welt mit deinem Talent und deiner Entschlossenheit zu verändern.

Du bist bereit für diesen nächsten Schritt. Du bist bereit für deinen Wiedereinstieg. Und ich bin zuversichtlich, dass du alles erreichen wirst, was du dir vorgenommen hast. Also geh hinaus und erobere die Welt – dein Erfolg wartet auf dich!

Impressum
Serdar Karababa
Rombacherstr 16
46049 Oberhausen
ISBN: Independently Published
© 2024 Stefan Poloczek & Serdar Karabana

www.ingramcontent.com/pod-product-compliance
Lightning Source LLC
Chambersburg PA
CBHW050243230526
45470CB00005B/2081